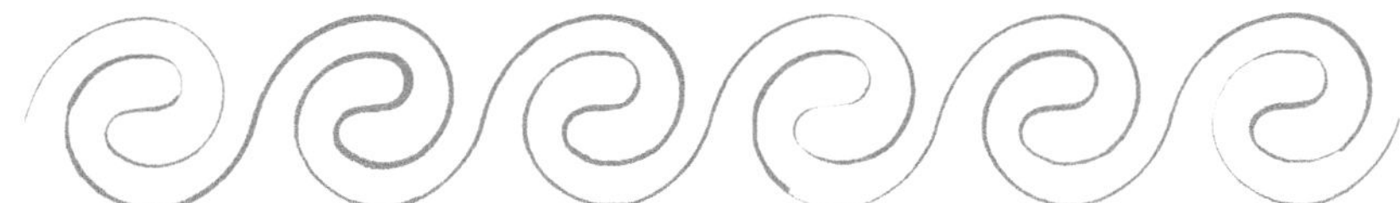

NAME

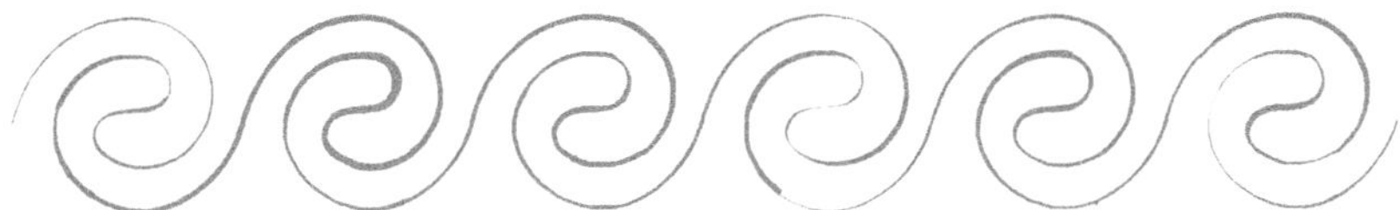

Kontakte

Kontakte

Geburtstage

2020

Januar

M	D	M	D	F	S	S
		1	2	3	4	5
6	7	8	9	10	11	12
13	14	15	16	17	18	19
20	21	22	23	24	25	26
27	28	29	30	31		

Februar

M	D	M	D	F	S	S
					1	2
3	4	5	6	7	8	9
10	11	12	13	14	15	16
17	18	19	20	21	22	23
24	25	26	27	28	29	

März

M	D	M	D	F	S	S
						1
2	3	4	5	6	7	8
9	10	11	12	13	14	15
16	17	18	19	20	21	22
23	24	25	26	27	28	29
30	31					

April

M	D	M	D	F	S	S
		1	2	3	4	5
6	7	8	9	10	11	12
13	14	15	16	17	18	19
20	21	22	23	24	25	26
27	28	29	30			

Mai

M	D	M	D	F	S	S
				1	2	3
4	5	6	7	8	9	10
11	12	13	14	15	16	17
18	19	20	21	22	23	24
25	26	27	28	29	30	31

Juni

M	D	M	D	F	S	S
1	2	3	4	5	6	7
8	9	10	11	12	13	14
15	16	17	18	19	20	21
22	23	24	25	26	27	28
29	30					

Juli

M	D	M	D	F	S	S
		1	2	3	4	5
6	7	8	9	10	11	12
13	14	15	16	17	18	19
20	21	22	23	24	25	26
27	28	29	30	31		

August

M	D	M	D	F	S	S
					1	2
3	4	5	6	7	8	9
10	11	12	13	14	15	16
17	18	19	20	21	22	23
24	25	26	27	28	29	30
31						

September

M	D	M	D	F	S	S
	1	2	3	4	5	6
7	8	9	10	11	12	13
14	15	16	17	18	19	20
21	22	23	24	25	26	27
28	29	30				

Oktober

M	D	M	D	F	S	S
			1	2	3	4
5	6	7	8	9	10	11
12	13	14	15	16	17	18
19	20	21	22	23	24	25
26	27	28	29	30	31	

November

M	D	M	D	F	S	S
						1
2	3	4	5	6	7	8
9	10	11	12	13	14	15
16	17	18	19	20	21	22
23	24	25	26	27	28	29
30						

Dezember

M	D	M	D	F	S	S
	1	2	3	4	5	6
7	8	9	10	11	12	13
14	15	16	17	18	19	20
21	22	23	24	25	26	27
28	29	30	31			

2021

Januar

M	D	M	D	F	S	S
				1	2	3
4	5	6	7	8	9	10
11	12	13	14	15	16	17
18	19	20	21	22	23	24
25	26	27	28	29	30	31

Februar

M	D	M	D	F	S	S
1	2	3	4	5	6	7
8	9	10	11	12	13	14
15	16	17	18	19	20	21
22	23	24	25	26	27	28

März

M	D	M	D	F	S	S
1	2	3	4	5	6	7
8	9	10	11	12	13	14
15	16	17	18	19	20	21
22	23	24	25	26	27	28
29	30	31				

April

M	D	M	D	F	S	S
			1	2	3	4
5	6	7	8	9	10	11
12	13	14	15	16	17	18
19	20	21	22	23	24	25
26	27	28	29	30		

Mai

M	D	M	D	F	S	S
					1	2
3	4	5	6	7	8	9
10	11	12	13	14	15	16
17	18	19	20	21	22	23
24	25	26	27	28	29	30
31						

Juni

M	D	M	D	F	S	S
	1	2	3	4	5	6
7	8	9	10	11	12	13
14	15	16	17	18	19	20
21	22	23	24	25	26	27
28	29	30				

Juli

M	D	M	D	F	S	S
			1	2	3	4
5	6	7	8	9	10	11
12	13	14	15	16	17	18
19	20	21	22	23	24	25
26	27	28	29	30	31	

August

M	D	M	D	F	S	S
						1
2	3	4	5	6	7	8
9	10	11	12	13	14	15
16	17	18	19	20	21	22
23	24	25	26	27	28	29
30	31					

September

M	D	M	D	F	S	S
		1	2	3	4	5
6	7	8	9	10	11	12
13	14	15	16	17	18	19
20	21	22	23	24	25	26
27	28	29	30			

Oktober

M	D	M	D	F	S	S
				1	2	3
4	5	6	7	8	9	10
11	12	13	14	15	16	17
18	19	20	21	22	23	24
25	26	27	28	29	30	31

November

M	D	M	D	F	S	S
1	2	3	4	5	6	7
8	9	10	11	12	13	14
15	16	17	18	19	20	21
22	23	24	25	26	27	28
29	30					

Dezember

M	D	M	D	F	S	S
		1	2	3	4	5
6	7	8	9	10	11	12
13	14	15	16	17	18	19
20	21	22	23	24	25	26
27	28	29	30	31		

2022

Januar

M	D	M	D	F	S	S
					1	2
3	4	5	6	7	8	9
10	11	12	13	14	15	16
17	18	19	20	21	22	23
24	25	26	27	28	29	30
31						

Februar

M	D	M	D	F	S	S
	1	2	3	4	5	6
7	8	9	10	11	12	13
14	15	16	17	18	19	20
21	22	23	24	25	26	27
28						

März

M	D	M	D	F	S	S
	1	2	3	4	5	6
7	8	9	10	11	12	13
14	15	16	17	18	19	20
21	22	23	24	25	26	27
28	29	30	31			

April

M	D	M	D	F	S	S
				1	2	3
4	5	6	7	8	9	10
11	12	13	14	15	16	17
18	19	20	21	22	23	24
25	26	27	28	29	30	

Mai

M	D	M	D	F	S	S
						1
2	3	4	5	6	7	8
9	10	11	12	13	14	15
16	17	18	19	20	21	22
23	24	25	26	27	28	29
30	31					

Juni

M	D	M	D	F	S	S
		1	2	3	4	5
6	7	8	9	10	11	12
13	14	15	16	17	18	19
20	21	22	23	24	25	26
27	28	29	30			

Juli

M	D	M	D	F	S	S
				1	2	3
4	5	6	7	8	9	10
11	12	13	14	15	16	17
18	19	20	21	22	23	24
25	26	27	28	29	30	31

August

M	D	M	D	F	S	S
1	2	3	4	5	6	7
8	9	10	11	12	13	14
15	16	17	18	19	20	21
22	23	24	25	26	27	28
29	30	31				

September

M	D	M	D	F	S	S
			1	2	3	4
5	6	7	8	9	10	11
12	13	14	15	16	17	18
19	20	21	22	23	24	25
26	27	28	29	30		

Oktober

M	D	M	D	F	S	S
					1	2
3	4	5	6	7	8	9
10	11	12	13	14	15	16
17	18	19	20	21	22	23
24	25	26	27	28	29	30
31						

November

M	D	M	D	F	S	S
	1	2	3	4	5	6
7	8	9	10	11	12	13
14	15	16	17	18	19	20
21	22	23	24	25	26	27
28	29	30				

Dezember

M	D	M	D	F	S	S
			1	2	3	4
5	6	7	8	9	10	11
12	13	14	15	16	17	18
19	20	21	22	23	24	25
26	27	28	29	30	31	

Juni 2020

Mo	Di	Mi	Do	Fr	Sa	So
1	2	3	4	5	6	7
8	9	10	11	12	13	14
15	16	17	18	19	20	21
22	23	24	25	26	27	28
29	30	1	2	3	4	5

Juli 2020

Mo	Di	Mi	Do	Fr	Sa	So
29	30	1	2	3	4	5
6	7	8	9	10	11	12
13	14	15	16	17	18	19
20	21	22	23	24	25	26
27	28	29	30	31	1	2

August 2020

Mo	Di	Mi	Do	Fr	Sa	So
27	28	29	30	31	1	2
3	4	5	6	7	8	9
10	11	12	13	14	15	16
17	18	19	20	21	22	23
24	25	26	27	28	29	30
31	1	2	3	4	5	6

September 2020

Mo	Di	Mi	Do	Fr	Sa	So
31	1	2	3	4	5	6
7	8	9	10	11	12	13
14	15	16	17	18	19	20
21	22	23	24	25	26	27
28	29	30	1	2	3	4

Oktober 2020

Mo	Di	Mi	Do	Fr	Sa	So
28	29	30	1	2	3	4
5	6	7	8	9	10	11
12	13	14	15	16	17	18
19	20	21	22	23	24	25
26	27	28	29	30	31	1

November 2020

Mo	Di	Mi	Do	Fr	Sa	So
26	27	28	29	30	31	1
2	3	4	5	6	7	8
9	10	11	12	13	14	15
16	17	18	19	20	21	22
23	24	25	26	27	28	29
30	1	2	3	4	5	6

Dezember 2020

Mo	Di	Mi	Do	Fr	Sa	So
30	1	2	3	4	5	6
7	8	9	10	11	12	13
14	15	16	17	18	19	20
21	22	23	24	25	26	27
28	29	30	31	1	2	3

Januar 2021

Mo	Di	Mi	Do	Fr	Sa	So
28	29	30	31	1	2	3
4	5	6	7	8	9	10
11	12	13	14	15	16	17
18	19	20	21	22	23	24
25	26	27	28	29	30	31

Februar 2021

Mo	Di	Mi	Do	Fr	Sa	So
1	2	3	4	5	6	7
8	9	10	11	12	13	14
15	16	17	18	19	20	21
22	23	24	25	26	27	28

____

____

____

März 2021

Mo	Di	Mi	Do	Fr	Sa	So
1	2	3	4	5	6	7
8	9	10	11	12	13	14
15	16	17	18	19	20	21
22	23	24	25	26	27	28
29	30	31	1	2	3	4

April 2021

Mo	Di	Mi	Do	Fr	Sa	So
29	30	31	1	2	3	4
5	6	7	8	9	10	11
12	13	14	15	16	17	18
19	20	21	22	23	24	25
26	27	28	29	30	1	2

Mai 2021

Mo	Di	Mi	Do	Fr	Sa	So
26	27	28	29	30	1	2
3	4	5	6	7	8	9
10	11	12	13	14	15	16
17	18	19	20	21	22	23
24	25	26	27	28	29	30
31	1	2	3	4	5	6

Juni 2021

Mo	Di	Mi	Do	Fr	Sa	So
31	1	2	3	4	5	6
7	8	9	10	11	12	13
14	15	16	17	18	19	20
21	22	23	24	25	26	27
28	29	30	1	2	3	4

Juli 2021

Mo	Di	Mi	Do	Fr	Sa	So
28	29	30	1	2	3	4
5	6	7	8	9	10	11
12	13	14	15	16	17	18
19	20	21	22	23	24	25
26	27	28	29	30	31	1

August 2021

Mo	Di	Mi	Do	Fr	Sa	So
26	27	28	29	30	31	1
2	3	4	5	6	7	8
9	10	11	12	13	14	15
16	17	18	19	20	21	22
23	24	25	26	27	28	29
30	31	1	2	3	4	5

September 2021

Mo	Di	Mi	Do	Fr	Sa	So
30	31	1	2	3	4	5
6	7	8	9	10	11	12
13	14	15	16	17	18	19
20	21	22	23	24	25	26
27	28	29	30	1	2	3

Oktober 2021

Mo	Di	Mi	Do	Fr	Sa	So
27	28	29	30	1	2	3
4	5	6	7	8	9	10
11	12	13	14	15	16	17
18	19	20	21	22	23	24
25	26	27	28	29	30	31

November 2021

Mo	Di	Mi	Do	Fr	Sa	So
1	2	3	4	5	6	7
8	9	10	11	12	13	14
15	16	17	18	19	20	21
22	23	24	25	26	27	28
29	30	1	2	3	4	5

Dezember 2021

Mo	Di	Mi	Do	Fr	Sa	So
29	30	1	2	3	4	5
6	7	8	9	10	11	12
13	14	15	16	17	18	19
20	21	22	23	24	25	26
27	28	29	30	31	1	2

Januar 2022

Mo	Di	Mi	Do	Fr	Sa	So
27	28	29	30	31	1	2
3	4	5	6	7	8	9
10	11	12	13	14	15	16
17	18	19	20	21	22	23
24	25	26	27	28	29	30
31	1	2	3	4	5	6

Februar 2022

Mo	Di	Mi	Do	Fr	Sa	So
31	1	2	3	4	5	6
7	8	9	10	11	12	13
14	15	16	17	18	19	20
21	22	23	24	25	26	27
28	1	2	3	4	5	6

März 2022

Mo	Di	Mi	Do	Fr	Sa	So
28	1	2	3	4	5	6
7	8	9	10	11	12	13
14	15	16	17	18	19	20
21	22	23	24	25	26	27
28	29	30	31	1	2	3

April 2022

Mo	Di	Mi	Do	Fr	Sa	So
28	29	30	31	1	2	3
4	5	6	7	8	9	10
11	12	13	14	15	16	17
18	19	20	21	22	23	24
25	26	27	28	29	30	1

Mai 2022

Mo	Di	Mi	Do	Fr	Sa	So
25	26	27	28	29	30	1
2	3	4	5	6	7	8
9	10	11	12	13	14	15
16	17	18	19	20	21	22
23	24	25	26	27	28	29
30	31	1	2	3	4	5

Juni 2022

Mo	Di	Mi	Do	Fr	Sa	So
30	31	1	2	3	4	5
6	7	8	9	10	11	12
13	14	15	16	17	18	19
20	21	22	23	24	25	26
27	28	29	30	1	2	3

Juli 2022

Mo	Di	Mi	Do	Fr	Sa	So
27	28	29	30	1	2	3
4	5	6	7	8	9	10
11	12	13	14	15	16	17
18	19	20	21	22	23	24
25	26	27	28	29	30	31

August 2022

Mo	Di	Mi	Do	Fr	Sa	So
1	2	3	4	5	6	7
8	9	10	11	12	13	14
15	16	17	18	19	20	21
22	23	24	25	26	27	28
29	30	31	1	2	3	4

September 2022

Mo	Di	Mi	Do	Fr	Sa	So
29	30	31	1	2	3	4
5	6	7	8	9	10	11
12	13	14	15	16	17	18
19	20	21	22	23	24	25
26	27	28	29	30	1	2

Oktober 2022

Mo	Di	Mi	Do	Fr	Sa	So
26	27	28	29	30	1	2
3	4	5	6	7	8	9
10	11	12	13	14	15	16
17	18	19	20	21	22	23
24	25	26	27	28	29	30
31	1	2	3	4	5	6

November 2022

Mo	Di	Mi	Do	Fr	Sa	So
31	1	2	3	4	5	6
7	8	9	10	11	12	13
14	15	16	17	18	19	20
21	22	23	24	25	26	27
28	29	30	1	2	3	4

Dezember 2022

Mo	Di	Mi	Do	Fr	Sa	So
28	29	30	1	2	3	4
5	6	7	8	9	10	11
12	13	14	15	16	17	18
19	20	21	22	23	24	25
26	27	28	29	30	31	1

Juni

Woche 23

01.06.20 - 07.06.20

○ 1. MONTAG

Geburtstag

○ 2. DIENSTAG

○ 3. MITTWOCH

To Do's / Wichtiges

○ 4. DONNERSTAG

○ 5. FREITAG

○ 6. SAMSTAG / 7. SONNTAG

Juni

Woche 24

08.06.20 - 14.06.20

○ 8. MONTAG

Geburtstag

○ 9. DIENSTAG

○ 10. MITTWOCH

To Do's / Wichtiges

○ 11. DONNERSTAG

○ 12. FREITAG

○ 13. SAMSTAG / 14. SONNTAG

Juni

Woche 25

15.06.20 - 21.06.20

◯ 15. MONTAG

Geburtstag

◯ 16. DIENSTAG

◯ 17. MITTWOCH

To Do's / Wichtiges

◯ 18. DONNERSTAG

◯ 19. FREITAG

◯ 20. SAMSTAG / 21. SONNTAG

Juni

Woche 26   22.06.20 - 28.06.20

○ 22. MONTAG

Geburtstag

○ 23. DIENSTAG

○ 24. MITTWOCH

To Do's / Wichtiges

○ 25. DONNERSTAG

○ 26. FREITAG

○ 27. SAMSTAG/ 28. SONNTAG

Juni

Woche 27

29.06.20 - 05.07.20

◯ 29. MONTAG

Geburtstag

◯ 30. DIENSTAG

◯ 1.MITTWOCH

To Do's / Wichtiges

◯ 2. DONNERSTAG

◯ 3. FREITAG

◯ 4. SAMSTAG/ 5. SONNTAG

Juli

06.07.20 - 12.07.20

○ 6. MONTAG

Geburtstag

○ 7. DIENSTAG

○ 8. MITTWOCH

To Do's / Wichtiges

○ 9. DONNERSTAG

○ 10. FREITAG

○ 11. SAMSTAG / 12. SONNTAG

Juli

Woche 29

○ 13.MONTAG

Geburtstag

○ 14.DIENSTAG

○ 15.MITTWOCH

To Do's / Wichtiges

○ 16.DONNERSTAG

○ 17.FREITAG

○ 18.SAMSTAG / 19.SONNTAG

Juli

Woche 30   20.07.20 - 26.07.20

○ 20. MONTAG

Geburtstag

○ 21. DIENSTAG

○ 22. MITTWOCH

To Do's / Wichtiges

○ 23. DONNERSTAG

○ 24. FREITAG

○ 25. SAMSTAG/ 26. SONNTAG

Juli

Woche 31   27.07.20 - 02.08.20

○ 27. MONTAG

Geburtstag

○ 28. DIENSTAG

○ 29. MITTWOCH

To Do's / Wichtiges

○ 30. DONNERSTAG

○ 31. FREITAG

○ 1. SAMSTAG / 2. SONNTAG

August

Woche 32

03.08.20 - 09.08.20

○ 3. MONTAG

Geburtstag

○ 4. DIENSTAG

○ 5. MITTWOCH

To Do's / Wichtiges

○ 6. DONNERSTAG

○ 7. FREITAG

○ 8. SAMSTAG / 9. SONNTAG

August

Woche 33

10.08.20 - 16.08.20

○ 10.MONTAG

Geburtstag

○ 11.DIENSTAG

○ 12.MITTWOCH

To Do's / Wichtiges

○ 13.DONNERSTAG

○ 14.FREITAG

○ 15.SAMSTAG / 16.SONNTAG

August

17.08.20 - 23.08.20

○ 17. MONTAG

Geburtstag

○ 18. DIENSTAG

○ 19. MITTWOCH

To Do's / Wichtiges

○ 20. DONNERSTAG

○ 21. FREITAG

○ 22. SAMSTAG / 23. SONNTAG

August

Woche 35

24.08.20 - 30.08.20

○ 24. MONTAG

Geburtstag

○ 25. DIENSTAG

○ 26. MITTWOCH

To Do's / Wichtiges

○ 27. DONNERSTAG

○ 28. FREITAG

○ 29. SAMSTAG/ 30. SONNTAG

August

31.08.20 - 06.09.20

○ 31.MONTAG

Geburtstag

____

____

○ 1.DIENSTAG

____

____

○ 2. MITTWOCH

To Do's / Wichtiges

____

○ 3. DONNERSTAG

____

____

____

____

○ 4. FREITAG

____

____

____

____

○ 5. SAMSTAG/ 6. SONNTAG

____

____

September

07.09.20 - 13.09.20

○ 7. MONTAG

Geburtstag

○ 8. DIENSTAG

○ 9. MITTWOCH

To Do's / Wichtiges

○ 10. DONNERSTAG

○ 11. FREITAG

○ 12. SAMSTAG / 13. SONNTAG

September

14.09.20 - 20.09.20

○ 14. MONTAG

Geburtstag

○ 15. DIENSTAG

○ 16. MITTWOCH

To Do's / Wichtiges

○ 17. DONNERSTAG

○ 18. FREITAG

○ 19. SAMSTAG / 20. SONNTAG

September

21.09.20 - 27.09.20

◯ 21.MONTAG

Geburtstag

◯ 22. DIENSTAG

◯ 23. MITTWOCH

To Do's / Wichtiges

◯ 24. DONNERSTAG

◯ 25. FREITAG

◯ 26. SAMSTAG/ 27. SONNTAG

September

○ 28. MONTAG

Geburtstag

○ 29. DIENSTAG

○ 30. MITTWOCH

To Do's / Wichtiges

○ 1. DONNERSTAG

○ 2. FREITAG

○ 3. SAMSTAG / 4. SONNTAG

Oktober

Woche 41   05.10.20 - 11.10.20

○ 5. MONTAG

Geburtstag

○ 6. DIENSTAG

○ 7. MITTWOCH

To Do's / Wichtiges

○ 8. DONNERSTAG

○ 9. FREITAG

○ 10. SAMSTAG / 11. SONNTAG

Oktober

Woche 42

12.10.20 - 18.10.20

○ 12. MONTAG

○ 13. DIENSTAG

○ 14. MITTWOCH

○ 15. DONNERSTAG

○ 16. FREITAG

○ 17. SAMSTAG / 18. SONNTAG

Geburtstag

To Do's / Wichtiges

Oktober

Woche 43   19.10.20 - 25.10.20

○ 19.MONTAG

Geburtstag

○ 20. DIENSTAG

○ 21.MITTWOCH

To Do's / Wichtiges

○ 22. DONNERSTAG

○ 23. FREITAG

○ 24. SAMSTAG/ 25. SONNTAG

Oktober

Woche 44   26.10.20 - 01.11.20

○ 26. MONTAG

Geburtstag

○ 27. DIENSTAG

○ 28. MITTWOCH

To Do's / Wichtiges

○ 29. DONNERSTAG

○ 30. FREITAG

○ 31.SAMSTAG / 1.SONNTAG

November

02.11.20 - 08.11.20

○ 2. MONTAG

Geburtstag

○ 3. DIENSTAG

○ 4. MITTWOCH

To Do's / Wichtiges

○ 5. DONNERSTAG

○ 6. FREITAG

○ 7. SAMSTAG / 8. SONNTAG

November

09.11.20 - 15.11.20

○ 9. MONTAG

Geburtstag

○ 10. DIENSTAG

○ 11. MITTWOCH

To Do's / Wichtiges

○ 12. DONNERSTAG

○ 13. FREITAG

○ 14. SAMSTAG / 15. SONNTAG

November

Woche 47   16.11.20 - 22.11.20

○ 16. MONTAG

Geburtstag

○ 17. DIENSTAG

○ 18. MITTWOCH

To Do's / Wichtiges

○ 19. DONNERSTAG

○ 20. FREITAG

○ 21. SAMSTAG / 22. SONNTAG

November

○ 23. MONTAG

○ 24. DIENSTAG

○ 25. MITTWOCH

○ 26. DONNERSTAG

○ 27. FREITAG

○ 28. SAMSTAG/ 29. SONNTAG

Geburtstag

To Do's/ Wichtiges

November

Woche 49

30.11.20 - 06.12.20

◯ 30. MONTAG

Geburtstag

◯ 1.DIENSTAG

◯ 2. MITTWOCH

To Do's / Wichtiges

◯ 3. DONNERSTAG

◯ 4. FREITAG

◯ 5. SAMSTAG / 6. SONNTAG

Dezember

Woche 50

07.12.20 - 13.12.20

○ 7. MONTAG

Geburtstag

○ 8. DIENSTAG

○ 9. MITTWOCH

To Do's / Wichtiges

○ 10. DONNERSTAG

○ 11. FREITAG

○ 12. SAMSTAG / 13. SONNTAG

Dezember

14.12.20 - 20.12.20

○ 14. MONTAG

Geburtstag

○ 15. DIENSTAG

○ 16. MITTWOCH

To Do's / Wichtiges

○ 17. DONNERSTAG

○ 18. FREITAG

○ 19. SAMSTAG / 20. SONNTAG

Dezember

Woche 52

21.12.20 - 27.12.20

○ 21.MONTAG

Geburtstag

○ 22. DIENSTAG

○ 23. MITTWOCH

To Do's / Wichtiges

○ 24. DONNERSTAG

○ 25. FREITAG

○ 26. SAMSTAG/ 27. SONNTAG

Dezember

28.12.20 - 03.01.21

○ 28. MONTAG

Geburtstag

○ 29. DIENSTAG

○ 30. MITTWOCH

To Do's / Wichtiges

○ 31.DONNERSTAG

○ 1.FREITAG

○ 2. SAMSTAG/ 3. SONNTAG

Januar

04.01.21 - 10.01.21

○ 4. MONTAG

Geburtstag

○ 5. DIENSTAG

○ 6. MITTWOCH

To Do's / Wichtiges

○ 7. DONNERSTAG

○ 8. FREITAG

○ 9. SAMSTAG / 10. SONNTAG

Januar

○ 11.MONTAG

Geburtstag

○ 12.DIENSTAG

○ 13.MITTWOCH

To Do's / Wichtiges

○ 14.DONNERSTAG

○ 15.FREITAG

○ 16.SAMSTAG / 17.SONNTAG

Januar

Woche 3   18.01.21- 24.01.21

○ 18. MONTAG

Geburtstag

○ 19. DIENSTAG

○ 20. MITTWOCH

To Do's / Wichtiges

○ 21. DONNERSTAG

○ 22. FREITAG

○ 23. SAMSTAG / 24. SONNTAG

Januar

Woche 4

25.01.21 - 31.01.21

○ 25. MONTAG

Geburtstag

○ 26. DIENSTAG

○ 27. MITTWOCH

To Do's / Wichtiges

○ 28. DONNERSTAG

○ 29. FREITAG

○ 30. SAMSTAG / 31. SONNTAG

Februar

Woche 5

01.02.21- 07.02.21

○ 1.MONTAG

Geburtstag

○ 2. DIENSTAG

○ 3. MITTWOCH

To Do's / Wichtiges

○ 4. DONNERSTAG

○ 5. FREITAG

○ 6. SAMSTAG / 7. SONNTAG

Februar

Woche 6   08.02.21- 14.02.21

○ 8. MONTAG

Geburtstag

○ 9. DIENSTAG

○ 10.MITTWOCH

To Do's/ Wichtiges

○ 11.DONNERSTAG

○ 12.FREITAG

○ 13.SAMSTAG / 14.SONNTAG

Februar

Woche 7   15.02.21 - 21.02.21

○ 15.MONTAG

Geburtstag

○ 16.DIENSTAG

○ 17.MITTWOCH

To Do's / Wichtiges

○ 18.DONNERSTAG

○ 19.FREITAG

○ 20. SAMSTAG / 21.SONNTAG

Februar

Woche 8   22.02.21- 28.02.21

○ 22. MONTAG

Geburtstag

○ 23. DIENSTAG

○ 24. MITTWOCH

To Do's / Wichtiges

○ 25. DONNERSTAG

○ 26. FREITAG

○ 27. SAMSTAG/ 28. SONNTAG

März

Woche 9

01.03.21- 07.03.21

○ 1.MONTAG

Geburtstag

○ 2. DIENSTAG

○ 3. MITTWOCH

To Do's / Wichtiges

○ 4. DONNERSTAG

○ 5. FREITAG

○ 6. SAMSTAG / 7. SONNTAG

März

Woche 10

08.03.21- 14.03.21

○ 8. MONTAG

Geburtstag

○ 9. DIENSTAG

○ 10.MITTWOCH

To Do's / Wichtiges

○ 11.DONNERSTAG

○ 12.FREITAG

○ 13.SAMSTAG / 14.SONNTAG

März

Woche 11

15.03.21 - 21.03.21

○ 15. MONTAG

Geburtstag

○ 16. DIENSTAG

○ 17. MITTWOCH

To Do's / Wichtiges

○ 18. DONNERSTAG

○ 19. FREITAG

○ 20. SAMSTAG / 21. SONNTAG

März

Woche 12

22.03.21- 28.03.21

○ 22. MONTAG

Geburtstag

○ 23. DIENSTAG

○ 24. MITTWOCH

To Do's / Wichtiges

○ 25. DONNERSTAG

○ 26. FREITAG

○ 27. SAMSTAG / 28. SONNTAG

März

Woche 13

29.03.21- 04.04.21

○ 29. MONTAG

Geburtstag

○ 30. DIENSTAG

○ 31.MITTWOCH

To Do's / Wichtiges

○ 1.DONNERSTAG

○ 2. FREITAG

○ 3. SAMSTAG/ 4. SONNTAG

April

Woche 14   05.04.21- 11.04.21

○ 5. MONTAG

Geburtstag

○ 6. DIENSTAG

○ 7. MITTWOCH

To Do's / Wichtiges

○ 8. DONNERSTAG

○ 9. FREITAG

○ 10. SAMSTAG / 11. SONNTAG

April

12.04.21 - 18.04.21

○ 12. MONTAG

Geburtstag

○ 13. DIENSTAG

○ 14. MITTWOCH

To Do's / Wichtiges

○ 15. DONNERSTAG

○ 16. FREITAG

○ 17. SAMSTAG / 18. SONNTAG

April

19.04.21- 25.04.21

◯ 19.MONTAG

Geburtstag

◯ 20. DIENSTAG

◯ 21.MITTWOCH

To Do's / Wichtiges

◯ 22. DONNERSTAG

◯ 23. FREITAG

◯ 24. SAMSTAG/ 25. SONNTAG

April

○ 26. MONTAG

Geburtstag

○ 27. DIENSTAG

○ 28. MITTWOCH

To Do's / Wichtiges

○ 29. DONNERSTAG

○ 30. FREITAG

○ 1.SAMSTAG / 2. SONNTAG

Mai

Woche 18

03.05.21- 09.05.21

○ 3. MONTAG

Geburtstag

○ 4. DIENSTAG

○ 5. MITTWOCH

To Do's / Wichtiges

○ 6. DONNERSTAG

○ 7. FREITAG

○ 8. SAMSTAG/ 9. SONNTAG

Mai

Woche 19

10.05.21 - 16.05.21

○ 10. MONTAG

Geburtstag

○ 11. DIENSTAG

○ 12. MITTWOCH

To Do's / Wichtiges

○ 13. DONNERSTAG

○ 14. FREITAG

○ 15. SAMSTAG / 16. SONNTAG

Mai

Woche 20

17.05.21- 23.05.21

○ 17.MONTAG

Geburtstag

○ 18.DIENSTAG

○ 19.MITTWOCH

To Do's / Wichtiges

○ 20. DONNERSTAG

○ 21.FREITAG

○ 22. SAMSTAG/ 23. SONNTAG

Mai

Woche 21

24.05.21- 30.05.21

○ 24. MONTAG

Geburtstag

○ 25. DIENSTAG

○ 26. MITTWOCH

To Do's/ Wichtiges

○ 27. DONNERSTAG

○ 28. FREITAG

○ 29. SAMSTAG/ 30. SONNTAG

Mai

Woche 22   31.05.21- 06.06.21

◯ 31.MONTAG

Geburtstag

◯ 1.DIENSTAG

◯ 2. MITTWOCH

To Do's / Wichtiges

◯ 3. DONNERSTAG

◯ 4. FREITAG

◯ 5. SAMSTAG/ 6. SONNTAG

Juni

Woche 23

07.06.21- 13.06.21

○ 7. MONTAG

Geburtstag

○ 8. DIENSTAG

○ 9. MITTWOCH

To Do's / Wichtiges

○ 10. DONNERSTAG

○ 11. FREITAG

○ 12. SAMSTAG / 13. SONNTAG

Juni

Woche 24

14.06.21- 20.06.21

◯ 14.MONTAG

Geburtstag

◯ 15.DIENSTAG

◯ 16.MITTWOCH

To Do's / Wichtiges

◯ 17.DONNERSTAG

◯ 18.FREITAG

◯ 19.SAMSTAG / 20. SONNTAG

Juni

Woche 25

21.06.21- 27.06.21

○ 21. MONTAG

○ 22. DIENSTAG

○ 23. MITTWOCH

○ 24. DONNERSTAG

○ 25. FREITAG

○ 26. SAMSTAG/ 27. SONNTAG

Geburtstag

To Do's / Wichtiges

Juni

Woche 26   28.06.21- 04.07.21

○ 28. MONTAG

Geburtstag

○ 29. DIENSTAG

○ 30. MITTWOCH

To Do's / Wichtiges

○ 1. DONNERSTAG

○ 2. FREITAG

○ 3. SAMSTAG / 4. SONNTAG

Juli

05.07.21 - 11.07.21

○ 5. MONTAG

Geburtstag

○ 6. DIENSTAG

○ 7. MITTWOCH

To Do's / Wichtiges

○ 8. DONNERSTAG

○ 9. FREITAG

○ 10. SAMSTAG / 11. SONNTAG

Juli

Woche 28   12.07.21 - 18.07.21

○ 12. MONTAG

Geburtstag

○ 13. DIENSTAG

○ 14. MITTWOCH

To Do's / Wichtiges

○ 15. DONNERSTAG

○ 16. FREITAG

○ 17. SAMSTAG / 18. SONNTAG

Juli

19.07.21- 25.07.21

○ 19.MONTAG

Geburtstag

○ 20. DIENSTAG

○ 21.MITTWOCH

To Do's / Wichtiges

○ 22. DONNERSTAG

○ 23. FREITAG

○ 24. SAMSTAG/ 25. SONNTAG

Juli

Woche 30

26.07.21- 01.08.21

○ 26. MONTAG

Geburtstag

○ 27. DIENSTAG

○ 28. MITTWOCH

To Do's / Wichtiges

○ 29. DONNERSTAG

○ 30. FREITAG

○ 31.SAMSTAG / 1.SONNTAG

August

02.08.21- 08.08.21

○ 2. MONTAG

Geburtstag

○ 3. DIENSTAG

○ 4. MITTWOCH

To Do's / Wichtiges

○ 5. DONNERSTAG

○ 6. FREITAG

○ 7. SAMSTAG / 8. SONNTAG

August

Woche 32

09.08.21- 15.08.21

○ 9. MONTAG

Geburtstag

○ 10. DIENSTAG

○ 11.MITTWOCH

To Do's / Wichtiges

○ 12. DONNERSTAG

○ 13. FREITAG

○ 14.SAMSTAG / 15.SONNTAG

August

Woche 33

16.08.21- 22.08.21

◯ 16.MONTAG

Geburtstag

◯ 17.DIENSTAG

◯ 18.MITTWOCH

To Do's / Wichtiges

◯ 19.DONNERSTAG

◯ 20. FREITAG

◯ 21.SAMSTAG / 22. SONNTAG

August

Woche 34

23.08.21- 29.08.21

○ 23. MONTAG

Geburtstag

○ 24. DIENSTAG

○ 25. MITTWOCH

To Do's / Wichtiges

○ 26. DONNERSTAG

○ 27. FREITAG

○ 28. SAMSTAG/ 29. SONNTAG

August

Woche 35

30.08.21- 05.09.21

○ 30. MONTAG

Geburtstag

○ 31.DIENSTAG

○ 1.MITTWOCH

To Do's / Wichtiges

○ 2. DONNERSTAG

○ 3. FREITAG

○ 4. SAMSTAG / 5. SONNTAG

September

Woche 36

06.09.21- 12.09.21

◯ 6. MONTAG

Geburtstag

◯ 7. DIENSTAG

◯ 8. MITTWOCH

To Do's / Wichtiges

◯ 9. DONNERSTAG

◯ 10. FREITAG

◯ 11.SAMSTAG / 12.SONNTAG

September

Woche 37

13.09.21 - 19.09.21

○ 13.MONTAG

Geburtstag

○ 14.DIENSTAG

○ 15.MITTWOCH

To Do's / Wichtiges

○ 16.DONNERSTAG

○ 17.FREITAG

○ 18.SAMSTAG / 19.SONNTAG

September

○ 20. MONTAG

Geburtstag

○ 21. DIENSTAG

○ 22. MITTWOCH

To Do's / Wichtiges

○ 23. DONNERSTAG

○ 24. FREITAG

○ 25. SAMSTAG/ 26. SONNTAG

September

◯ 27. MONTAG

Geburtstag

◯ 28. DIENSTAG

◯ 29. MITTWOCH

To Do's / Wichtiges

◯ 30. DONNERSTAG

◯ 1.FREITAG

◯ 2. SAMSTAG/ 3. SONNTAG

Oktober

○ 4. MONTAG

Geburtstag

○ 5. DIENSTAG

○ 6. MITTWOCH

To Do's / Wichtiges

○ 7. DONNERSTAG

○ 8. FREITAG

○ 9. SAMSTAG / 10. SONNTAG

Oktober

Woche 41

11.10.21- 17.10.21

○ 11.MONTAG

Geburtstag

○ 12.DIENSTAG

○ 13.MITTWOCH

To Do's / Wichtiges

○ 14.DONNERSTAG

○ 15.FREITAG

○ 16.SAMSTAG / 17.SONNTAG

Oktober

Woche 42   18.10.21- 24.10.21

○ 18.MONTAG

Geburtstag

○ 19.DIENSTAG

○ 20. MITTWOCH

To Do's/ Wichtiges

○ 21.DONNERSTAG

○ 22. FREITAG

○ 23. SAMSTAG/ 24. SONNTAG

Oktober

Woche 43   25.10.21 - 31.10.21

○ 25. MONTAG

Geburtstag

○ 26. DIENSTAG

○ 27. MITTWOCH

To Do's / Wichtiges

○ 28. DONNERSTAG

○ 29. FREITAG

○ 30. SAMSTAG / 31.SONNTAG

November

Woche 44   01.11.21- 07.11.21

○ 1.MONTAG

Geburtstag

○ 2. DIENSTAG

○ 3. MITTWOCH

To Do's / Wichtiges

○ 4. DONNERSTAG

○ 5. FREITAG

○ 6. SAMSTAG / 7. SONNTAG

November

Woche 45

08.11.21 - 14.11.21

○ 8. MONTAG

Geburtstag

○ 9. DIENSTAG

○ 10. MITTWOCH

To Do's / Wichtiges

○ 11. DONNERSTAG

○ 12. FREITAG

○ 13. SAMSTAG / 14. SONNTAG

November

15.11.21 - 21.11.21

◯ 15. MONTAG

Geburtstag

◯ 16. DIENSTAG

◯ 17. MITTWOCH

To Do's / Wichtiges

◯ 18. DONNERSTAG

◯ 19. FREITAG

◯ 20. SAMSTAG / 21. SONNTAG

November

○ 22. MONTAG

Geburtstag

○ 23. DIENSTAG

○ 24. MITTWOCH

To Do's / Wichtiges

○ 25. DONNERSTAG

○ 26. FREITAG

○ 27. SAMSTAG / 28. SONNTAG

November

Woche 48   29.11.21- 05.12.21

◯ 29. MONTAG

Geburtstag

◯ 30. DIENSTAG

◯ 1.MITTWOCH

To Do's / Wichtiges

◯ 2. DONNERSTAG

◯ 3. FREITAG

◯ 4. SAMSTAG/ 5. SONNTAG

Dezember

Woche 49

06.12.21 - 12.12.21

○ 6. MONTAG

Geburtstag

○ 7. DIENSTAG

○ 8. MITTWOCH

To Do's / Wichtiges

○ 9. DONNERSTAG

○ 10. FREITAG

○ 11. SAMSTAG / 12. SONNTAG

Dezember

13.12.21 - 19.12.21

○ 13. MONTAG

Geburtstag

○ 14. DIENSTAG

○ 15. MITTWOCH

To Do's / Wichtiges

○ 16. DONNERSTAG

○ 17. FREITAG

○ 18. SAMSTAG / 19. SONNTAG

Dezember

20.12.21 - 26.12.21

○ 20. MONTAG

Geburtstag

○ 21. DIENSTAG

○ 22. MITTWOCH

To Do's / Wichtiges

○ 23. DONNERSTAG

○ 24. FREITAG

○ 25. SAMSTAG / 26. SONNTAG

Dezember

27.12.21- 02.01.22

○ 27. MONTAG

Geburtstag

○ 28. DIENSTAG

○ 29. MITTWOCH

To Do's / Wichtiges

○ 30. DONNERSTAG

○ 31.FREITAG

○ 1.SAMSTAG / 2. SONNTAG

Januar

03.01.22 - 09.01.22

○ 3. MONTAG

Geburtstag

○ 4. DIENSTAG

○ 5. MITTWOCH

To Do's / Wichtiges

○ 6. DONNERSTAG

○ 7. FREITAG

○ 8. SAMSTAG / 9. SONNTAG

Januar

Woche 2   10.01.22 - 16.01.22

○ 10.MONTAG

Geburtstag

○ 11.DIENSTAG

○ 12.MITTWOCH

To Do's / Wichtiges

○ 13.DONNERSTAG

○ 14.FREITAG

○ 15.SAMSTAG / 16.SONNTAG

Januar

17.01.22 - 23.01.22

○ 17. MONTAG

Geburtstag

○ 18. DIENSTAG

○ 19. MITTWOCH

To Do's / Wichtiges

○ 20. DONNERSTAG

○ 21. FREITAG

○ 22. SAMSTAG / 23. SONNTAG

Januar

Woche 4   24.01.22 - 30.01.22

◯ 24. MONTAG

Geburtstag

◯ 25. DIENSTAG

◯ 26. MITTWOCH

To Do's / Wichtiges

◯ 27. DONNERSTAG

◯ 28. FREITAG

◯ 29. SAMSTAG/ 30. SONNTAG

Januar

Woche 5   31.01.22- 06.02.22

◯ 31.MONTAG

Geburtstag

◯ 1.DIENSTAG

◯ 2. MITTWOCH

To Do's / Wichtiges

◯ 3. DONNERSTAG

◯ 4. FREITAG

◯ 5. SAMSTAG/ 6. SONNTAG

Februar

Woche 6

07.02.22 - 13.02.22

○ 7. MONTAG

Geburtstag

○ 8. DIENSTAG

○ 9. MITTWOCH

To Do's / Wichtiges

○ 10. DONNERSTAG

○ 11. FREITAG

○ 12. SAMSTAG / 13. SONNTAG

Februar

○ 14. MONTAG

Geburtstag

○ 15. DIENSTAG

○ 16. MITTWOCH

To Do's / Wichtiges

○ 17. DONNERSTAG

○ 18. FREITAG

○ 19. SAMSTAG / 20. SONNTAG

Februar

○ 21.MONTAG

Geburtstag

○ 22. DIENSTAG

○ 23. MITTWOCH

To Do's / Wichtiges

○ 24. DONNERSTAG

○ 25. FREITAG

○ 26. SAMSTAG/ 27. SONNTAG

Februar

Woche 9

28.02.22 - 06.03.22

○ 28. MONTAG

Geburtstag

○ 1.DIENSTAG

○ 2. MITTWOCH

To Do's / Wichtiges

○ 3. DONNERSTAG

○ 4. FREITAG

○ 5. SAMSTAG/ 6. SONNTAG

März

Woche 10

07.03.22 - 13.03.22

○ 7. MONTAG

Geburtstag

○ 8. DIENSTAG

○ 9. MITTWOCH

To Do's / Wichtiges

○ 10. DONNERSTAG

○ 11.FREITAG

○ 12.SAMSTAG / 13.SONNTAG

März

Woche 11

14.03.22 - 20.03.22

○ 14. MONTAG

Geburtstag

○ 15. DIENSTAG

○ 16. MITTWOCH

To Do's / Wichtiges

○ 17. DONNERSTAG

○ 18. FREITAG

○ 19. SAMSTAG / 20. SONNTAG

März

Woche 12

21.03.22 - 27.03.22

○ 21. MONTAG

Geburtstag

○ 22. DIENSTAG

○ 23. MITTWOCH

To Do's / Wichtiges

○ 24. DONNERSTAG

○ 25. FREITAG

○ 26. SAMSTAG / 27. SONNTAG

März

Woche 13

28.03.22 - 03.04.22

○ 28. MONTAG

Geburtstag

○ 29. DIENSTAG

○ 30. MITTWOCH

To Do's / Wichtiges

○ 31.DONNERSTAG

○ 1.FREITAG

○ 2. SAMSTAG/ 3. SONNTAG

April

Woche 14

04.04.22 - 10.04.22

○ 4. MONTAG

Geburtstag

○ 5. DIENSTAG

○ 6. MITTWOCH

To Do's / Wichtiges

○ 7. DONNERSTAG

○ 8. FREITAG

○ 9. SAMSTAG / 10.SONNTAG

April

Woche 15 | 11.04.22 - 17.04.22

○ 11. MONTAG

○ 12. DIENSTAG

○ 13. MITTWOCH

○ 14. DONNERSTAG

○ 15. FREITAG

○ 16. SAMSTAG / 17. SONNTAG

Geburtstag

To Do's / Wichtiges

April

Woche 16

18.04.22 - 24.04.22

○ 18. MONTAG

Geburtstag

○ 19. DIENSTAG

○ 20. MITTWOCH

To Do's / Wichtiges

○ 21. DONNERSTAG

○ 22. FREITAG

○ 23. SAMSTAG / 24. SONNTAG

April

Woche 17

25.04.22 - 01.05.22

○ 25. MONTAG

Geburtstag

○ 26. DIENSTAG

○ 27. MITTWOCH

To Do's / Wichtiges

○ 28. DONNERSTAG

○ 29. FREITAG

○ 30. SAMSTAG / 1.SONNTAG

Mai

Woche 18

02.05.22 - 08.05.22

○ 2. MONTAG

Geburtstag

○ 3. DIENSTAG

○ 4. MITTWOCH

To Do's / Wichtiges

○ 5. DONNERSTAG

○ 6. FREITAG

○ 7. SAMSTAG / 8. SONNTAG

Mai

Woche 19

09.05.22 - 15.05.22

○ 9. MONTAG

Geburtstag

○ 10. DIENSTAG

○ 11.MITTWOCH

To Do's / Wichtiges

○ 12. DONNERSTAG

○ 13. FREITAG

○ 14.SAMSTAG / 15.SONNTAG

Mai

Woche 20

16.05.22 - 22.05.22

○ 16. MONTAG

Geburtstag

○ 17. DIENSTAG

○ 18. MITTWOCH

To Do's / Wichtiges

○ 19. DONNERSTAG

○ 20. FREITAG

○ 21. SAMSTAG / 22. SONNTAG

Mai

Woche 21

23.05.22 - 29.05.22

○ 23. MONTAG

Geburtstag

○ 24. DIENSTAG

○ 25. MITTWOCH

To Do's / Wichtiges

○ 26. DONNERSTAG

○ 27. FREITAG

○ 28. SAMSTAG/ 29. SONNTAG

Mai

Woche 22   30.05.22 - 05.06.22

○ 30. MONTAG

Geburtstag

○ 31.DIENSTAG

○ 1.MITTWOCH

To Do's / Wichtiges

○ 2. DONNERSTAG

○ 3. FREITAG

○ 4. SAMSTAG/ 5. SONNTAG

Juni

Woche 23

06.06.22 - 12.06.22

○ 6. MONTAG

Geburtstag

○ 7. DIENSTAG

○ 8. MITTWOCH

To Do's / Wichtiges

○ 9. DONNERSTAG

○ 10. FREITAG

○ 11.SAMSTAG / 12.SONNTAG

Juni

Woche 24

13.06.22 - 19.06.22

○ 13.MONTAG

Geburtstag

○ 14.DIENSTAG

○ 15.MITTWOCH

To Do's / Wichtiges

○ 16.DONNERSTAG

○ 17.FREITAG

○ 18.SAMSTAG / 19.SONNTAG

Juni

○ 20. MONTAG

Geburtstag

○ 21. DIENSTAG

○ 22. MITTWOCH

To Do's / Wichtiges

○ 23. DONNERSTAG

○ 24. FREITAG

○ 25. SAMSTAG/ 26. SONNTAG

Juni

Woche 26   27.06.22 - 03.07.22

○ 27. MONTAG

Geburtstag

○ 28. DIENSTAG

○ 29. MITTWOCH

To Do's / Wichtiges

○ 30. DONNERSTAG

○ 1. FREITAG

○ 2. SAMSTAG/ 3. SONNTAG

Juli

Woche 27

04.07.22 - 10.07.22

○ 4. MONTAG

Geburtstag

○ 5. DIENSTAG

○ 6. MITTWOCH

To Do's / Wichtiges

○ 7. DONNERSTAG

○ 8. FREITAG

○ 9. SAMSTAG / 10. SONNTAG

○ 11. MONTAG

Geburtstag

○ 12. DIENSTAG

○ 13. MITTWOCH

To Do's / Wichtiges

○ 14. DONNERSTAG

○ 15. FREITAG

○ 16. SAMSTAG / 17. SONNTAG

Juli

Woche 29

18.07.22 - 24.07.22

○ 18. MONTAG

Geburtstag

○ 19. DIENSTAG

○ 20. MITTWOCH

To Do's / Wichtiges

○ 21. DONNERSTAG

○ 22. FREITAG

○ 23. SAMSTAG / 24. SONNTAG

Juli

Woche 30   25.07.22 - 31.07.22

◯ 25. MONTAG

Geburtstag

◯ 26. DIENSTAG

◯ 27. MITTWOCH

To Do's / Wichtiges

◯ 28. DONNERSTAG

◯ 29. FREITAG

◯ 30. SAMSTAG / 31.SONNTAG

August

Woche 31

01.08.22 - 07.08.22

○ 1.MONTAG

Geburtstag

○ 2. DIENSTAG

○ 3. MITTWOCH

To Do's / Wichtiges

○ 4. DONNERSTAG

○ 5. FREITAG

○ 6. SAMSTAG/ 7. SONNTAG

August

08.08.22 - 14.08.22

○ 8. MONTAG

Geburtstag

○ 9. DIENSTAG

○ 10. MITTWOCH

To Do's / Wichtiges

○ 11. DONNERSTAG

○ 12. FREITAG

○ 13. SAMSTAG / 14. SONNTAG

August

○ 15.MONTAG

Geburtstag

○ 16.DIENSTAG

○ 17.MITTWOCH

To Do's / Wichtiges

○ 18.DONNERSTAG

○ 19.FREITAG

○ 20. SAMSTAG / 21.SONNTAG

August

Woche 34

22.08.22 - 28.08.22

○ 22. MONTAG

Geburtstag

○ 23. DIENSTAG

○ 24. MITTWOCH

To Do's / Wichtiges

○ 25. DONNERSTAG

○ 26. FREITAG

○ 27. SAMSTAG / 28. SONNTAG

August

29.08.22 - 04.09.22

○ 29. MONTAG

Geburtstag

○ 30. DIENSTAG

○ 31.MITTWOCH

To Do's / Wichtiges

○ 1.DONNERSTAG

○ 2. FREITAG

○ 3. SAMSTAG/ 4. SONNTAG

September

05.09.22 - 11.09.22

○ 5. MONTAG

Geburtstag

○ 6. DIENSTAG

○ 7. MITTWOCH

To Do's / Wichtiges

○ 8. DONNERSTAG

○ 9. FREITAG

○ 10. SAMSTAG / 11. SONNTAG

September

12.09.22 - 18.09.22

○ 12. MONTAG

Geburtstag

○ 13. DIENSTAG

○ 14. MITTWOCH

To Do's / Wichtiges

○ 15. DONNERSTAG

○ 16. FREITAG

○ 17. SAMSTAG / 18. SONNTAG

September

○ 19.MONTAG

Geburtstag

○ 20. DIENSTAG

○ 21.MITTWOCH

To Do's / Wichtiges

○ 22. DONNERSTAG

○ 23. FREITAG

○ 24. SAMSTAG/ 25. SONNTAG

September

Woche 39

○ 26. MONTAG

Geburtstag

○ 27. DIENSTAG

○ 28. MITTWOCH

To Do's / Wichtiges

○ 29. DONNERSTAG

○ 30. FREITAG

○ 1.SAMSTAG / 2. SONNTAG

Oktober

Woche 40   03.10.22 - 09.10.22

○ 3. MONTAG

Geburtstag

○ 4. DIENSTAG

○ 5. MITTWOCH

To Do's / Wichtiges

○ 6. DONNERSTAG

○ 7. FREITAG

○ 8. SAMSTAG/ 9. SONNTAG

Oktober

Woche 41   10.10.22 - 16.10.22

○ 10. MONTAG

Geburtstag

○ 11. DIENSTAG

○ 12. MITTWOCH

To Do's / Wichtiges

○ 13. DONNERSTAG

○ 14. FREITAG

○ 15. SAMSTAG / 16. SONNTAG

Oktober

Woche 42   17.10.22 - 23.10.22

○ 17. MONTAG

Geburtstag

○ 18. DIENSTAG

○ 19. MITTWOCH

To Do's / Wichtiges

○ 20. DONNERSTAG

○ 21. FREITAG

○ 22. SAMSTAG / 23. SONNTAG

Oktober

Woche 43   24.10.22 - 30.10.22

○ 24. MONTAG

Geburtstag

○ 25. DIENSTAG

○ 26. MITTWOCH

To Do's / Wichtiges

○ 27. DONNERSTAG

○ 28. FREITAG

○ 29. SAMSTAG/ 30. SONNTAG

Oktober

Woche 44　　　　　　　　　　31.10.22 - 06.11.22

○ 31.MONTAG

Geburtstag

○ 1.DIENSTAG

○ 2. MITTWOCH

To Do's / Wichtiges

○ 3. DONNERSTAG

○ 4. FREITAG

○ 5. SAMSTAG/ 6. SONNTAG

November

○ 7. MONTAG

Geburtstag

○ 8. DIENSTAG

○ 9. MITTWOCH

To Do's / Wichtiges

○ 10. DONNERSTAG

○ 11. FREITAG

○ 12. SAMSTAG / 13. SONNTAG

November

Woche 46   14.11.22 - 20.11.22

◯ 14. MONTAG

Geburtstag

◯ 15. DIENSTAG

◯ 16. MITTWOCH

To Do's / Wichtiges

◯ 17. DONNERSTAG

◯ 18. FREITAG

◯ 19. SAMSTAG / 20. SONNTAG

November

Woche 47

21.11.22 - 27.11.22

◯ 21.MONTAG

Geburtstag

◯ 22. DIENSTAG

◯ 23. MITTWOCH

To Do's / Wichtiges

◯ 24. DONNERSTAG

◯ 25. FREITAG

◯ 26. SAMSTAG/ 27. SONNTAG

November

28.11.22 - 04.12.22

○ 28. MONTAG

Geburtstag

○ 29. DIENSTAG

○ 30. MITTWOCH

To Do's / Wichtiges

○ 1.DONNERSTAG

○ 2. FREITAG

○ 3. SAMSTAG / 4. SONNTAG

Dezember

05.12.22 - 11.12.22

○ 5. MONTAG

Geburtstag

○ 6. DIENSTAG

○ 7. MITTWOCH

To Do's / Wichtiges

○ 8. DONNERSTAG

○ 9. FREITAG

○ 10. SAMSTAG / 11. SONNTAG

Dezember

Woche 50   12.12.22 - 18.12.22

○ 12. MONTAG

Geburtstag

○ 13. DIENSTAG

○ 14. MITTWOCH

To Do's / Wichtiges

○ 15. DONNERSTAG

○ 16. FREITAG

○ 17. SAMSTAG / 18. SONNTAG

Dezember

○ 19. MONTAG

Geburtstag

○ 20. DIENSTAG

○ 21. MITTWOCH

To Do's / Wichtiges

○ 22. DONNERSTAG

○ 23. FREITAG

○ 24. SAMSTAG/ 25. SONNTAG

Dezember

Woche 52   26.12.22 - 01.01.23

○ 26. MONTAG

Geburtstag

○ 27. DIENSTAG

○ 28. MITTWOCH

To Do's / Wichtiges

○ 29. DONNERSTAG

○ 30. FREITAG

○ 31.SAMSTAG / 1.SONNTAG

2020 Weihe
Theodor-Heuss-Str. 4a
93077 Bad Abbach
amoopi_weihe@yahoo.com